Inhaltsverzeichnis

6. Ich fahr mit der Schneckenpost
7. Bruder Jakob
8. Hänschen klein
9. Alle meine Entchen
10. Machet auf das Tor
11. Ringel, Ringel, Reihe
12. Heißa Kathreinerle
13. Ich bin ein kleiner Tanzbär
14. Es tanzt ein Bi-Ba-Butzemann
15. Brüderchen, komm tanz mit mir
16. Wenn ich ein Vöglein wär
17. Kommt ein Vogel geflogen
18. Backe, backe Kuchen
19. Meine Mu, meine Mu
20. Grün sind alle meine Kleider
22. Zeigt her eure Füße
23. Es war eine Mutter
24. Ein Vogel wollte Hochzeit machen
25. Der Kuckuck und der Esel
26. Widewidewenne
28. Summ, summ, summ
29. Hopp, hopp, hopp
30. Auf der Mauer, auf der Lauer
31. Fuchs, du hast die Gans gestohlen
32. Komm, lieber Mai
34. Alle Vögel sind schon da
35. Heut ist ein Fest bei den Fröschen am See
36. Im Märzen der Bauer
37. Es tönen die Lieder
38. Hei, lustig ihr Kinder, vorbei ist der Winter!
39. Jetzt fängt das schöne Frühjahr an
40. Grüß Gott, du schöner Maien
41. Der Mai ist gekommen
42. Guten Morgen Margareth
44. Häschen in der Grube
45. Ein Männlein steht im Walde
46. Klein Häschen wollt spazieren gehn
47. Auf unsrer Wiese gehet was
48. Ich bin ein kleines Eselchen
49. Eia popeia, was raschelt im Stroh?
50. Onkel Jörg hat einen Bauernhof
52. Jetzt steigt Hampelmann

54. Trarira, der Sommer, der ist da
55. Es klappert die Mühle am rauschenden Bach
56. Das Wandern ist des Müllers Lust
57. Wem Gott will rechte Gunst erweisen
58. Winde wehn, Schiffe gehn
59. Wenn wir fahren auf dem See
60. Ich bin das ganze Jahr vergnügt
61. Spannenlanger Hansel
62. Und wer im Januar geboren ist
63. Viel Glück und viel Segen
64. Drei Chinesen mit dem Kontrabass
65. Wir sind zwei Musikanten
66. Wenn der Topp aber nun 'n Loch hat
67. Mein Hut, der hat drei Ecken
68. Hänsel und Gretel
69. Dornröschen
70. Bettelmanns Hochzeit
71. Die Affen rasen durch den Wald
72. Wer will fleißige Handwerker sehn?
74. Es regnet, wenn es regnen will
75. Bunt sind schon die Wälder
76. Ich geh mit meiner Laterne
77. Laterne, Laterne, Sonne, Mond und Sterne
78. Juchhe, der erste Schnee!
79. Sankt Martin
80. Schneeflöckchen, Weißröckchen
81. ABC, die Katze lief im Schnee
82. Lasst uns froh und munter sein
83. Leise rieselt der Schnee
84. Morgen, Kinder, wird's was geben
85. O Tannenbaum
86. Es ist für uns eine Zeit angekommen
87. Winter, ade
88. Weißt du, wie viel Sternlein stehen?
89. Wer hat die schönsten Schäfchen?
90. Oh, wie wohl ist mir am Abend /
    Gute Nacht, gute Ruh
91. Kindlein mein, schlaf nur ein
92. Die Blümelein, sie schlafen
93. Schlaf, Kindchen, schlaf
94. Abend wird es wieder
95. Der Mond ist aufgegangen

WIR SINGEN
die schönsten Kinderlieder und Kinderreime

favorit-verlag
Die Kinderbuch-Leute

Ich fahr mit der Schneckenpost
Kanon zu vier Stimmen

Ich fahr, ich fahr, ich fahr auf der Post!
Fahr auf der Schne-cken-post, die mich kein Kreu-zer kost'.
ich fahr, ich fahr, ich fahr auf der Post!

Bruder Jakob
Kanon zu vier Stimmen

Bru-der Ja-kob, Bru-der Ja-kob, schläfst du noch, schläfst du noch?
Hörst du nicht die Glo-cken, hörst du nicht die Glo-cken? Ding, dong, ding, ding, dong, ding!

Alle meine Entchen

1. Alle meine Entchen schwimmen auf dem See, schwimmen auf dem See,
Köpfchen in das Wasser, Schwänzchen in die Höh.

2. Alle meine Tauben gurren auf dem Dach,
fliegt eins in die Lüfte, fliegen alle nach.

3. Alle meine Hühner scharren in dem Stroh,
finden sie ein Körnchen, sind sie alle froh.

Machet auf das Tor

1. Ma-chet auf das Tor! Es kommt ein gold-ner Wa-gen.

2. Wer sitzt darin?
Ein Mann mit goldnen Haaren.

3. Was will er denn?
Er will die Tochter haben.

4. Was bringt er denn?
Er bringt viel schöne Gaben.

Ringel, Ringel, Reihe

Ringel, Ringel, Reihe, sind der Kinder dreie,

sitzen unterm Holderbusch, schreien alle: Husch, husch, husch!

Heißa, Kathreinerle

1. Heißa, Kathreinerle, schnür dir die Schuh,
schürz dir dein Röckele, gönn dir kein' Ruh!
Didel, dudel, dadel, schrumm, schrumm, schrumm,
geht schon der Hopser rum.
Heißa, Kathreinerle, frisch immer zu.

2. Dreh wie ein Rädele flink dich im Tanz!
Fliegen die Zöpfele, wirbelt der Kranz.
Didel, dudel, dadel, schrumm, schrumm, schrumm,
lustig im Kreis herum.
Dreh dich, mein Mädel, im festlichen Glanz!

Ich bin ein kleiner Tanzbär

Ich bin ein kleiner Tanzbär und kom-me aus dem Wald. Ich
such mir ei - ne Freun-din und fin - de sie ja bald.

Ei, wir tan - zen ja so fein von ei - nem auf das an - dre Bein.

Es tanzt ein Bi-Ba-Butzemann

1. Es tanzt ein Bi-Ba-Butzemann in unserm Haus herum, widibum, Es-rum.
Er rüttelt sich, er schüttelt sich, er wirft sein Säcklein hinter sich.
Es tanzt ein Bi-Ba-Butzemann in unserm Haus herum.

2. Es tanzt ein Bi-Ba-Butzemann
in unserm Haus herum, widibum.
Er springt und wirbelt durch das Haus
und lacht dabei die Kinder aus.
Es tanzt ein Bi-Ba-Butzemann
in unserm Haus herum.

3. Es tanzt ein Bi-Ba-Butzemann
in unserm Haus herum, widibum.
Bald ist er hier, bald ist er dort,
und plötzlich ist er wieder fort.
Es tanzt ein Bi-Ba-Butzemann
in unserm Haus herum.

Brüderchen, komm tanz mit mir

1. Brü - der-chen, komm tanz mit mir, bei - de Hän - de reich ich dir.
Ein - mal hin, ein - mal her, rund - her - um, das ist nicht schwer.

2. Mit den Händchen, klipp, klipp, klapp,
mit den Füßchen, tripp, tripp, trapp!
Einmal hin, einmal her,
rund herum, das ist nicht schwer.

3. Mit dem Köpfchen, nick, nick, nick,
mit dem Fingerchen, tick, tick, tick!
Einmal hin, einmal her,
rund herum, das ist nicht schwer.

Wenn ich ein Vöglein wär

1. Wenn ich ein Vöglein wär' und auch zwei Flügel hätt', flög' ich zu dir; Weil's aber nicht kann sein, weil's aber nicht kann sein, bleib ich allhier.

2. Bin ich gleich weit von dir,
   bin ich noch im Traum bei dir
   und red' mit dir;
   wenn ich erwachen tu,
   wenn ich erwachen tu,
   bin ich allein.

3. Es vergeht kein Stund' in der Nacht,
   da nicht mein Herz erwacht
   und an dich gedenkt,
   dass du mir vieltausendmal,
   dass du mir vieltausendmal,
   dein Herze geschenkt.

Kommt ein Vogel geflogen

1. Kommt ein Vo - gel ge - flo - gen, setzt sich nie - der auf mein'

Fuß, hat ein' Zet - tel im Schna - bel, von der Mut - ter ein' Gruß.

2. Lieber Vogel, flieg' weiter,
   bring ein' Gruß mit und ein' Kuss,
   denn ich kann dich nicht begleiten,
   weil ich hierbleiben muss.

Backe, backe Kuchen

Backe, backe Kuchen, der Bäcker hat gerufen! Wer will guten Kuchen backen, der muss haben sieben Sachen: Eier und Schmalz, Butter und Salz, Milch und Mehl, Safran macht den Kuchen gehl: Schieb, schieb in' Ofen 'nein.

Meine Mu, meine Mu
Kanon zu vier Stimmen

1. Mei - ne Mu, mei - ne Mu, mei - ne Mut - ter schickt mich her,

2. ob der Ku, ob der Ku, ob der Ku - chen fer - tig wär?

3. Wenn er no, wenn er no, wenn er noch nicht fer - tig wär,

4. käm ich mo, käm ich mo, ich käm mor - gen wie - der her.

Grün sind alle meine Kleider G D

1. Grün, grün, grün sind al-le mei-ne Klei-der,

grün, grün, grün ist al-les was ich hab.

Da-rum lieb ich al-les, was grün ist,

weil mein Schatz ein Jä-ger ist.

2. Rot, rot, rot sind alle meine Kleider,
   rot, rot, rot ist alles was ich hab.
   Darum lieb ich alles, was rot ist,
   weil mein Schatz ein Reiter ist.
   Darum lieb ich alles, was rot ist,
   weil mein Schatz ein Reiter ist.

3. Blau, blau, blau sind alle meine Kleider,
   blau, blau, blau ist alles was ich hab.
   Darum lieb ich alles, was blau ist,
   weil mein Schatz ein Matrose ist.
   Darum lieb ich alles, was blau ist,
   weil mein Schatz ein Matrose ist.

4. Schwarz, schwarz, schwarz sind alle meine Kleider,
   schwarz, schwarz, schwarz ist alles was ich hab.
   Darum lieb ich alles, was schwarz ist,
   weil mein Schatz ein Schornsteinfeger ist.
   Darum lieb ich alles, was schwarz ist,
   weil mein Schatz ein Schornsteinfeger ist.

5. Weiß, weiß, weiß sind alle meine Kleider,
   weiß, weiß, weiß ist alles was ich hab.
   Darum lieb ich alles, was weiß ist,
   weil mein Schatz ein Bäcker ist.
   Darum lieb ich alles, was weiß ist,
   weil mein Schatz ein Bäcker ist.

6. Bunt, bunt, bunt sind alle meine Kleider,
   bunt, bunt, bunt ist alles was ich hab.
   Darum lieb ich alles, was bunt ist,
   weil mein Schatz ein Maler ist.
   Darum lieb ich alles, was bunt ist,
   weil mein Schatz ein Maler ist.

Zeigt her eure Füße

Zeigt her eure Fü - ße, zeigt her eure Schuh
und sehet den fleißigen Waschfrauen zu!

1. Sie waschen, sie waschen, sie waschen den ganzen Tag.

2. Sie wringen, sie wringen,
sie wringen den ganzen Tag.

Refrain: Zeigt her ...

3. Sie hängen, sie hängen,
sie hängen den ganzen Tag.

Refrain: Zeigt her ...

Es war eine Mutter

1. Es war eine Mutter, die hatte vier Kinder, den Frühling, den Sommer, den Herbst und den Winter.

2. Der Frühling bringt Blumen,
der Sommer den Klee,
der Herbst, der bringt Trauben,
der Winter den Schnee.

3. Und wie sie sich schwingen im Jahresreihn,
so tanzen und singen wir fröhlich darein.

Ein Vogel wollte Hochzeit machen

Strophe

1. Ein Vo - gel woll - te Hoch - zeit ma - chen in dem grü - nen Wal - de.

Refrain

Fi - di - ral - la - la, fi - di - ral - la - la, fi - di - ral - la - la - la - la!

2. Die Drossel war der Bräutigam,
   die Amsel war die Braute.

   Refrain: Fidirallala ...

3. Der Auerhahn, der war
   der Küster und Kaplan.

   Refrain: Fidirallala ...

4. Die Meise, die Meise,
   die sang das Kyrieleise.

   Refrain: Fidirallala ...

5. Die Gänse und die Anten,
   das waren die Musikanten.

   Refrain: Fidirallala ...

6. Brautmutter war die Eule,
   nahm Abschied mit Geheule.

   Refrain: Fidirallala ...

Der Kuckuck und der Esel

1. Der Kuckuck und der Esel, die hatten einen Streit, wer wohl am besten sänge, wer wohl am besten sänge zur schönen Maienzeit, zur schönen Maienzeit.

2. Der Kuckuck sprach: Das kann ich!,
und fing gleich an zu schrein.
Ich aber kann es besser,
ich aber kann es besser!,
fiel gleich der Esel ein,
fiel gleich der Esel ein.

3. Das klang so schön und lieblich,
so schön von fern und nah.
Sie sangen alle beide,
sie sangen alle beide:
Kuckuck, kuckuck, iah!
Kuckuck, kuckuck, iah!

Widewidewenne

Wi- de- wi- de- wen- ne heißt mei- ne Put- hen- ne.

Kann- nicht- ruhn heißt mein Huhn Wa- ckel- schwanz heißt mei- ne Gans.

Wi- de- wi- de- wen- ne heißt mei- ne Put- hen- ne.

2. Widewidewenne heißt meine Puthenne.
Schwarz-und-Weiß heißt meine Geiß,
Treibe-ein heißt mein Schwein.
Widewidewenne heißt meine Puthenne.

3. Widewidewenne heißt meine Puthenne.
Ehrenwert heißt mein Pferd,
Gute-Muh heißt meine Kuh.
Widewidewenne heißt meine Puthenne.

4. Widewidewenne heißt meine Puthenne.
Wettermann heißt mein Hahn,
Kunterbunt heißt mein Hund.
Widewidewenne heißt meine Puthenne.

5. Widewidewenne heißt meine Puthenne.
Guck-heraus heißt mein Haus,
Schlupf-hinaus heißt meine Maus.
Widewidewenne heißt meine Puthenne.

6. Widewidewenne heißt meine Puthenne.
Wohl-getan heißt mein Mann,
Sausewind heißt mein Kind.
Widewidewenne heißt meine Puthenne.

7. Widewidewenne heißt meine Puthenne.
Lebe-recht heißt mein Knecht,
Spät-betagt heißt meine Magd.
Widewidewenne heißt meine Puthenne.

Gesprochen:
Nun kennt ihr mich mit Mann und
Kind und meinem ganzen Hofgesind.

Summ, summ, summ

1. Summ, summ, summ, Bienchen, summ herum!
Ei, wir tun dir nichts zu Leide, flieg nur aus in Wald und Heide!
Summ, summ, summ, Bienchen summ herum!

2. Summ, summ, summ, Bienchen, summ herum!
Such in Blumen, such in Blümchen,
dir ein Tröpfchen, dir ein Krümchen!
Summ, summ, summ, Bienchen, summ herum!

3. Summ, summ, summ, Bienchen, summ herum!
Kehre heim mit reicher Habe,
bau uns manche volle Wabe!
Summ, summ, summ, Bienchen, summ herum!

Hopp, hopp, hopp

1. Hopp, hopp, hopp, Pferdchen, lauf Galopp!

Über Stock und über Steine, aber brich dir nicht die Beine,

immer im Galopp, hopp, hopp, hopp, hopp, hopp!

2. Tipp, tipp, tapp, wirf mich ja nicht ab!
   Zähme deine wilden Triebe,
   Pferdchen, tu es mir zuliebe,
   wirf mich ja nicht ab!
   Tipp, tipp, tipp, tipp, tapp!

3. Brr, brr, he, steh doch Pferdchen steh!
   Sollst noch heute weiterspringen,
   muss dir doch erst Futter bringen,
   steh doch, Pferdchen, steh,
   brr, brr, brr, brr, he!

4. Ja, ja, ja, wir sind wieder da!
   Schwester, Vater, liebe Mutter,
   findet auch mein Pferdchen Futter?
   Ja, ja, ja, ja, ja,
   wir sind wieder da!

Auf der Mauer, auf der Lauer

1. Auf der Mau-er, auf der Lau-er sitzt 'ne klei-ne Wan-ze. Wan-ze.
Seht euch mal die Wan-ze an, wie die Wan-ze tan-zen kann!
Auf der Mau-er, auf der Lau-er sitzt 'ne klei-ne Wan-ze.

2. Auf der Mauer, auf der Lauer
sitzt 'ne kleine Wanz.
Seht euch nur die Wanz an,
wie die Wanz tanz kann!

3. Auf der Mauer, auf der Lauer
sitzt 'ne kleine Wan.
Seht euch nur die Wan an,
wie die Wan tan kann!

4. Auf der Mauer, auf der Lauer
sitzt 'ne kleine Wa.
Seht euch nur die Wa an,
wie die Wa ta kann!

5. Auf der Mauer, auf der Lauer
sitzt 'ne kleine W.
Seht euch nur die W an,
wie die W t kann!

6. Auf der Mauer, auf der Lauer
sitzt 'ne kleine -.
Seht euch nur die - an,
wie die - - kann!

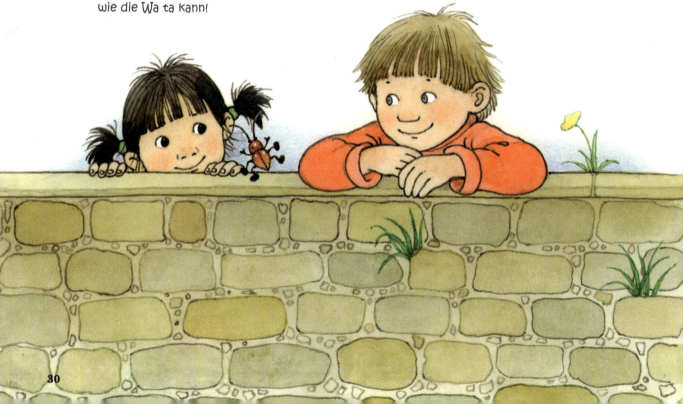

Fuchs, du hast die Gans gestohlen

1. Fuchs, du hast die Gans gestohlen, gib sie wieder her, gib sie wieder her, Sonst wird dich der Jäger holen mit dem Schießgewehr.

Sonst wird dich der Jäger holen mit dem Schießgewehr.

2. Seine große lange Flinte
schießt auf dich das Schrot;
dass dich färbt die rote Tinte,
und dann bist du tot.

3. Liebes Füchslein, lass dir raten,
sei doch nur kein Dieb;
nimm, statt mit dem Gänsebraten,
mit der Maus vorlieb.

Komm, lieber Mai

Komm, Lie-ber Mai, und ma-che die Bäu-me wie-der grün, und laß nur an dem Ba-che die klei-nen Veil-chen blühn! Wie möcht ich doch so ger-ne ein Veil-chen wie-der sehn, ach, lie-ber Mai, wie ger-ne ein-mal spa-zie-ren gehn.

2. Zwar Wintertage haben
wohl auch der Freuden viel,
man kann im Schnee eins traben
und treibt manch Abendspiel,
baut Häuserchen von Karten,
spielt Blindekuh und Pfand;
auch gibt's wohl Schlittenfahrten
aufs liebe freie Land.

3. Ach wenn's doch erst gelinder
und grüner draußen wär.
Komm lieber Mai, wir Kinder,
wir bitten dich gar sehr!
O komm und bring vor allem
uns viele Veilchen mit,
bring auch viel Nachtigallen
und schöne Kuckucks mit.

Alle Vögel sind schon da

1. Alle Vögel sind schon da, alle Vögel alle!
Welch ein Singen, Musiziern, Pfeifen, Zwitschern, Tirilliern!
Frühling will nun einmarschiern, kommt mit Sang und Schalle.

2. Wie sie alle lustig sind, flink und froh sich regen!
Amsel, Drossel, Fink und Star und die ganze Vogelschar
wünschen dir ein frohes Jahr, lauter Heil und Segen.

3. Was sie uns verkünden nun, nehmen wir zu Herzen:
Wir auch wollen lustig sein, lustig wie die Vögelein,
hier und dort, feldaus, feldein, singen, springen, scherzen.

Heut ist ein Fest bei den Fröschen am See
Kanon zu drei Stimmen

Im Märzen der Bauer

1. Im Märzen der Bauer die Rösslein einspannt;
er setzt seine Felder und Wiesen in Stand.
Er pflüget den Boden, er egget und sät
und rührt seine Hände frühmorgens und spät.

2. Die Bäurin, die Mägde, sie dürfen nicht ruhn;
sie haben im Haus und im Garten zu tun:
Sie graben und rechen und singen ein Lied
und freun sich, wenn alles schön grünet und blüht.

3. So geht unter Arbeit das Frühjahr vorbei,
da erntet der Bauer das duftende Heu;
er mäht das Getreide, dann drischt er es aus;
im Winter, da gibt es manch fröhlichen Schmaus.

Es tönen die Lieder
Kanon zu drei Stimmen

Es tö-nen die Lie-der, der Früh-ling kehrt wie-der, es spie-let der Hir-te auf

sei-ner Schal-mei: la la la la la la la la la la la la la la la la la.

Hei, lustig ihr Kinder, vorbei ist der Winter!

1. Hei, lus - tig ihr Kin - der! Vor - bei ist der Win - ter!

Die Son - ne er - wacht; das Blü - me - lein lacht.

2. Die Vögelein singen;
   die Knospen aufspringen.
   Der Himmel ist blau
   und grün ist die Au.

3. Hei, lustig ihr Kinder!
   vorbei ist der Winter
   und fort ist der Schnee.
   Herr Winter, ade!

Jetzt fängt das schöne Frühjahr an

1. Jetzt fängt das schö-ne Früh-jahr an und al-les fängt zu blü-hen an auf grü-ner Heid und ü-ber-all.

2. Es blühen Blümlein auf dem Feld,
   sie blühen weiß, blau, rot und gelb,
   es gibt nichts Schöners auf der Welt.

3. Jetzt geh ich über Berg und Tal,
   da hört man schon die Nachtigall
   auf grüner Heid und überall.

Grüß Gott, du schöner Maien

1. Grüß Gott, du schöner Maien, da bist du wiedrum hier!
Tust jung und alt erfreuen mit deiner Blumen Zier!
Die lieben Vöglein alle, sie singen all' so hell;
Frau Nachtigall mit Schalle hat die fürnehmste Stell.

2. Die kalten Wind verstummen,
der Himmel ist gar blau,
die lieben Bienlein summen
daher auf grüner Au.
O holde Lust im Maien,
da alles neu erblüht,
du kannst mir sehr erfreuen
mein Herz und mein Gemüt.

Der Mai ist gekommen

1. Der Mai ist ge-kom-men, die Bäu-me schla-gen aus;
   da blei-be, wer Lust hat, mit Sor-gen zu Haus!
   Wie die Wol-ken dort wan-dern am himm-li-schen Zelt,
   so steht auch mir der Sinn in die wei-te, wei-te Welt.

2. Herr Vater, Frau Mutter, dass Gott euch behüt'!
   Wer weiss, wo in der Ferne mein Glück mir noch blüht;
   es gibt so manche Straße, da nimmer ich marschiert,
   es gibt so manchen Wein, den ich nimmer noch probiert.

3. Frisch auf drum, frisch auf drum im hellen Sonnenstrahl,
   wohl über die Berge, wohl durch das tiefe Tal!
   Die Quellen erklingen, die Bäume rauschen all',
   mein Herz ist wie 'ne Lerche und stimmet ein mit Schall.

4. Und abends im Städtchen, da kehr' ich durstig ein:
   „Herr Wirt, mein Herr Wirt, eine Kanne blanken Wein!
   Ergreife die Fiedel, du lust'ger Spielmann du!
   Von meinem Schatz das Liedel, das singe ich dazu."

Guten Morgen Margareth

2. Guten Morgen, Margareth,
   was tust du in deinem Garten?
   Ich harke, wie ihr seht,
   da kann man nicht länger warten.

Refrain: Helfen wir der Greth,
   sehen, wie das geht,
   wenn der Abend kommt heran,
   ist die Arbeit getan.

3. Guten Morgen, Margareth,
   was tust du in deinem Garten?
   Ich säe, wie ihr seht,
   da kann man nicht länger warten.

   Refrain: Helfen wir ...

4. Guten Morgen, Margareth,
   was tust du in deinem Garten?
   Ich gieße, wie ihr seht,
   da kann man nicht länger warten.

   Refrain: Helfen wir ...

5. Guten Morgen, Margareth,
   was tust du in deinem Garten?
   Ich jäte, wie ihr seht,
   da kann man nicht länger warten.

   Refrain: Helfen wir ...

6. Guten Morgen, Margareth,
   was tust du in deinem Garten?
   Ich ernte, wie ihr seht,
   da kann man nicht länger warten.

   Refrain: Helfen wir ...

Häschen in der Grube

1. Häs-chen in der Gru - be sitzt und schläft

Ar - mes Häs - chen, bist du krank, dass du nicht mehr hüp - fen kannst?

Häs - chen hüpf! Häs - chen hüpf! Häs - chen hüpf!

2. Häschen, vor dem Hunde hüte dich!
   Er hat einen scharfen Zahn,
   packt damit mein Häschen an.
   Häschen, lauf! Häschen, lauf!
   Häschen, lauf!

Ein Männlein steht im Walde

1. Ein Männlein steht im Walde ganz still und stumm.
Es hat von lauter Purpur ein Mäntlein um.
Sagt, wer mag das Männlein sein, das da steht im Wald allein
mit dem purpurroten Mäntelein?

2. Das Männlein steht im Walde auf einem Bein
und hat auf seinem Haupte schwarz' Käpplein klein.
Sagt, wer mag das Männlein sein, das da steht im Wald allein
mit dem kleinen schwarzen Käppelein?

Klein Häschen wollt spazieren gehn

1. Klein___ Häs-chen wollt spa-zie-ren gehn, spa-zie-ren ganz al-lein,

da hat's das Bäch-lein nicht ge-sehn und plumps fiel es hi-nein.

2. Das Bächlein trieb's dem Tale zu,
   dort wo die Mühle steht
   und wo sich ohne Rast und Ruh
   das große Mühlrad dreht.

3. Ganz langsam drehte sich das Rad,
   fest hielt's der kleine Has'
   und als er endlich oben war,
   sprang er vergnügt ins Gras.

4. Dann läuft Klein Häschen schnell nach Haus,
   vorbei ist die Gefahr.
   Die Mutter schüttelt's Fell ihm aus,
   bis dass es trocken war.

Auf unsrer Wiese gehet was

1. Auf uns-rer Wie-se ge-het was, wa-tet durch die Sümp-fe.
Es hat ein schwarz-weiß Röck-lein an und trägt ro-te Strümp-fe.
Fängt die Frö-sche schnapp, schnapp, schnapp.
Klap-pert lus-tig klap-per-die klapp. Wer kann das er-ra-ten?

2. Ihr denkt: Das ist der Klapperstorch,
watet durch die Sümpfe.
Er hat ein schwarzweiß Röcklein an
und trägt rote Strümpfe.
Fängt die Frösche, schnapp, schnapp, schnapp.
Klappert lustig, klapperdiklapp.
Nein, das ist die Störchin.

Ich bin ein kleines Eselchen

Ich bin ein klei - nes E - sel - chen und wan - dre durch die Welt;

ich wack - le mit dem Hin - ter - teil, so wie es mir ge - fällt.

I - a, i - a, i - a, i - a, i - a!

Eia popeia, was raschelt im Stroh?

Ei - a po - pei - a, was ra - schelt im Stroh? Die Gäns - lein ge - hen bar - fuß und hab'n kei - ne Schuh'. Der Schus - ter hat's Le - der, kein' Leis - ten da - zu, drum kann er den Gäns - lein auch ma - chen kein Schuh'.

Onkel Jörg hat einen Bauernhof

1. Onkel Jörg hat einen Bauernhof, Heia, heia, ho.
Und da laufen viele Hühner rum, heia, heia, ho.
Es macht tuk-tuk hier, es macht tuk-tuk da,
tuk-tuk hier, tuk-tuk da, tuk-tuk überall.

2. Onkel Jörg hat einen Bauernhof, heia, heia, ho.
Und da laufen viele Gänse rum, heia, heia, ho.
Es macht gack-gack hier, es macht gack-gack da,
gack-gack hier, gack-gack da, gack-gack überall.

3. Onkel Jörg hat einen Bauernhof, heia, heia, ho.
Und da laufen viele Schweine rum, heia, heia, ho.
Es macht oink-oink hier, es macht oink-oink da,
oink-oink hier, oink-oink da, oink-oink überall.

4. Onkel Jörg hat einen Bauernhof, heia, heia, ho.
Und da laufen viele Ziegen rum, heia, heia, ho.
Es macht meck-meck hier, es macht meck-meck da,
meck-meck hier, meck-meck da, meck-meck überall.

5. Onkel Jörg hat einen Bauernhof, heia, heia, ho.
Und da laufen viele Kühe rum, heia, heia, ho.
Es macht muh-muh hier, es macht muh-muh da,
muh-muh hier, muh-muh da, muh-muh überall.

6. Onkel Jörg hat einen Bauernhof, heia, heia, ho.
Und da laufen viele Katzen rum, heia, heia, ho.
Es macht miau-miau hier, es macht miau-miau da,
miau-miau hier, miau-miau da, miau-miau überall.

7. Onkel Jörg hat einen Bauernhof, heia, heia, ho.
Und da laufen viele Schafe rum, heia, heia, ho.
Es macht mäh-mäh hier, es macht mäh-mäh da,
mäh-mäh hier, mäh-mäh da, mäh-mäh überall.

8. Onkel Jörg hat einen Bauernhof,
heia, heia, ho.
Und da laufen viele Hunde rum,
heia, heia, ho.
Es macht wau-wau hier,
es macht wau-wau da,
wau-wau hier, wau-wau da,
wau-wau überall.

Jetzt steigt Hampelmann

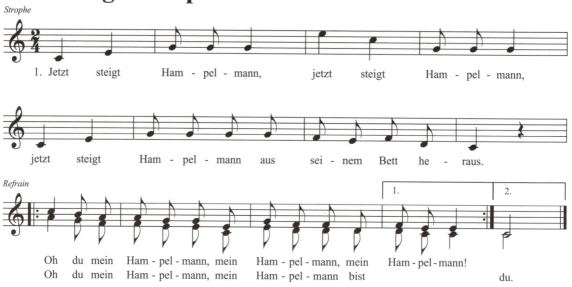

Strophe

1. Jetzt steigt Hampelmann, jetzt steigt Hampelmann,
jetzt steigt Hampelmann aus seinem Bett heraus.

Refrain

Oh du mein Hampelmann, mein Hampelmann, mein Hampelmann!
Oh du mein Hampelmann, mein Hampelmann bist du.

2. Jetzt zieht Hampelmann, jetzt zieht Hampelmann,
   jetzt zieht Hampelmann sich seine Strümpfe an.
   Refrain: Oh du mein...

3. Jetzt zieht Hampelmann, jetzt zieht Hampelmann,
   jetzt zieht Hampelmann sich seine Hose an.
   Refrain: Oh du mein...

4. Jetzt zieht Hampelmann, jetzt zieht Hampelmann,
   jetzt zieht Hampelmann sich seine Jacke an.
   Refrain: Oh du mein...

5. Jetzt zieht Hampelmann, jetzt zieht Hampelmann,
   jetzt zieht Hampelmann sich seine Kappe an.
   Refrain: Oh du mein...

6. Jetzt geht Hampelmann, jetzt geht Hampelmann,
   jetzt geht Hampelmann mit seiner Frau spaziern.
   Refrain: Oh du mein...

7. Jetzt tanzt Hampelmann, jetzt tanzt Hampelmann,
   jetzt tant Hampelmann mit seiner lieben Frau.
   Refrain: Oh du mein...

Trarira, der Sommer, der ist da!

1. Tra - ri - ra, der Som - mer, der ist da! Wir

wol - len in den Gar - ten und wolln des Som - mers war - ten.

Ja, ja, ja, der Som - mer, der ist da!

2. Trarira, der Sommer, der ist da!
   Wir wollen hinter die Hecken
   und wolln den Sommer wecken.
   Ja, ja, ja, der Sommer, der ist da!

3. Trarira, der Sommer, der ist da!
   Der Sommer hat gewonnen,
   der Winter hat verloren.
   Ja, ja, ja, der Sommer, der ist da!

Es klappert die Mühle am rauschenden Bach

1. Es klappert die Mühle am rauschenden Bach: klipp, klapp.
Bei Tag und bei Nacht ist der Müller stets wach: klipp, klapp.
Er mahlet das Korn zu dem kräftigen Brot, und haben wir dieses, dann hat's keine Not. Klipp, klapp, klipp, klapp, klipp, klapp.

2. Flink laufen die Räder und drehen den Stein: klipp, klapp.
Und mahlen den Weizen zu Mehl uns so fein: klipp, klapp.
Der Müller, der füllt uns den schweren Sack,
der Bäcker das Brot und den Kuchen uns backt.
Klipp, klapp, klipp, klapp, klipp, klapp.

3. Wenn goldene Körner das Ackerfeld trägt, klipp, klapp.
Die Mühle dann flink ihre Räder bewegt, klipp, klapp.
Und schenkt uns der Himmel nur immer das Brot,
so sind wir geborgen und leiden nicht Not.
Klipp, klapp, klipp, klapp, klipp, klapp.

Das Wandern ist des Müllers Lust

1. Das Wandern ist des Müllers Lust, das Wandern ist des Müllers Lust, das Wandern. Das muss ein schlechter Müller sein, dem niemals fiel das Wandern ein, dem niemals fiel das Wandern ein, das Wandern.

2. Vom Wasser haben wir's gelernt,
   vom Wasser haben wir's gelernt, vom Wasser.
   Das hat nicht Rast bei Tag und Nacht,
   ist stets auf Wanderschaft bedacht,
   ist stets auf Wanderschaft bedacht, das Wasser.

3. Das sehn wir auch den Rädern ab,
   das sehn wir auch den Rädern ab, den Rädern.
   Die gar nicht gerne stille stehn,
   die sich bei Tag nicht müde drehn,
   die sich bei Tag nicht müde drehn, die Räder.

4. Die Steine selbst, so schwer sie sind,
   die Steine selbst, so schwer sie sind, die Steine,
   sie tanzen mit den muntern Reihn,
   und wollen gar noch schneller sein,
   und wollen gar noch schneller sein, die Steine.

5. Oh Wandern, Wandern, meine Lust,
   oh Wandern, Wandern, meine Lust, oh Wandern.
   Herr Meister und Frau Meisterin,
   Lasst mich in Frieden weiterziehn,
   lasst mich in Frieden weiterziehn und wandern!

Wem Gott will rechte Gunst erweisen

1. Wem Gott will rech-te Gunst er-wei-sen, den schickt er in die wei-te Welt,

dem will er sei-ne Wun-der wei-sen in Berg und Tal und Strom und Feld.

2. Die Bächlein von den Bergen springen,
   die Lerchen schwirren hoch vor Lust;
   was sollt' ich nicht mit ihnen singen
   aus voller Kehl' und frischer Brust?

3. Den lieben Gott lass ich nur walten;
   der Bächlein, Lerchen, Wald und Feld
   und Erd und Himmel will erhalten,
   hat auch mein Sach' aufs Best' bestellt.

Winde wehn, Schiffe gehn

1. Win - de wehn, Schif - fe gehn weit in frem - de Land, und des Ma - tro - sen al - ler - lieb - ster Schatz bleibt wei - nend stehn am Strand, und Strand.

2. Wein doch nicht, lieb Gesicht,
   wisch die Tränen ab,
   und denk an mich und an die schöne Zeit,
   bis ich dich wieder hab.

3. Silber und Gold, Kisten voll,
   bring ich dann mit mir;
   ich bringe Seiden und Sammet, Sammetzeug,
   und alles schenk ich dir.

Wenn wir fahren auf dem See

Wenn wir fah - ren auf dem See, wo die Fisch - lein schwim - men.
freu - et sich mein gan - zes Herz, oh, lasst uns sin - gen!

Ro - la, ro - la, wir sind hier, der
Gold - fisch, der Gold - fisch, der fol - ge mir.

Ich bin das ganze Jahr vergnügt

1. Ich bin das ganze Jahr vergnügt; im Frühling wird das Feld gepflügt. Dann

steigt die Lerche hoch empor und singt ihr frohes Lied mir vor.
singt ihr frohes Lied mir vor und

2. Und kommt die liebe Sommerzeit;
   wie hoch ist da mein Herz erfreut,
   wenn ich vor meinem Acker steh
   und so viel tausend Ähren seh
   und so viel tausend Ähren seh!

3. Rückt endlich Erntezeit heran,
   dann muss die blanke Sense dran;
   dann zieh ich in das Feld hinaus
   und schneid und fahr die Frucht nach Haus
   und schneid und fahr die Frucht nach Haus.

4. Im Herbst schau ich die Bäume an,
   seh Äpfel, Birnen, Pflaumen dran.
   Und sind sie reif, so schüttl ich sie.
   So lohnet Gott des Menschen Müh!
   So lohnet Gott des Menschen Müh!

5. Und kommt die kalte Winterszeit,
   dann ist mein Häuschen überschneit;
   das ganze Feld ist kreideweiß
   und auf der Wiese nichts als Eis
   und auf der Wiese nichts als Eis.

6. So geht's jahraus, jahrein mit mir;
   ich danke meinem Gott dafür
   und habe immer frohen Mut
   und denke: Gott macht alles gut
   und denke: Gott macht alles gut.

Spannenlanger Hansel

1. Span-nen-lan-ger Han-sel, nu-del-di-cke Dirn,
gehn wir in den Gar-ten, schüt-teln wir die Birn'. Schüt-tel ich die gro-ßen,
schüt-tel du die klein', wenn das Säck-lein voll ist, gehn wir wie-der heim.

2. Lauf doch nicht so schnelle, spannenlanger Hans!
Ich verlier die Birnen und die Schuh noch ganz.
„Trägst ja nur die kleinen, nudeldicke Dirn,
und ich schlepp den Sack mit den großen Birn."

Und wer im Januar geboren ist

1. Und wer im Ja-nu-ar ge-bo-ren ist, tritt ein, tritt ein, tritt ein.
Er macht im Kreis ei-nen tie-fen Knicks, ei-nen tie-fen, tie-fen Knicks.

Kind-chen, dreh dich, Kind-chen, dreh dich, hei, hopp-sas-sas-sa.

2. Und wer im Februar geboren ist ...
3. Und wer im März geboren ist ...
4. Und wer im April geboren ist ...
5. Und wer im Mai geboren ist ...
6. Und wer im Juni geboren ist ...
7. Und wer im Juli geboren ist ...

8. Und wer im August geboren ist ...
9. Und wer im September geboren ist ...
10. Und wer im Oktober geboren ist ...
11. Und wer im November geboren ist ...
12. Und wer im Dezember geboren ist ...

Viel Glück und viel Segen
Kanon zu vier Stimmen

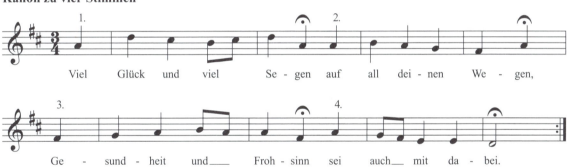

Viel Glück und viel Se - gen auf all dei - nen We - gen,

Ge - sund - heit und Froh - sinn sei auch mit da - bei.

Drei Chinesen mit dem Kontrabass

Drei Chi-ne-sen mit dem Kon-tra-bass
sa-ßen auf der Stra-ße und er-zähl-ten sich was.
Da kam die Po-li-zei: Ja was ist denn das?
Drei Chi-ne-sen mit dem Kon-tra-bass.

(Alle Vokale werden durch a, e, i, o, u ersetzt)

2. Dra Chanasan mat dam Kantrabass ...
3. Dre Chenesen met dem Kentrebess ...
4. Dri Chinisin mit dim Kintribiss ...
5. Dro Chonoson mot dom Kontroboss ...
6. Dru Chunusun mut dum Kuntrubuss ...

Wir sind zwei Musikanten

2. Wir können spielen auf der Flöte.
3. Wir können spielen auf der Klarinett.
4. Wir können spielen auf der Trompete.
5. Wir können spielen auf der Trommel.
6. Wir können spielen auf der Pauke.

Wenn der Topp aber nun'n Loch hat

1. „Wenn der Topp aber nun 'n Loch hat, lieber Heinrich, lieber

Heinrich?" „Stopf es zu, liebe, liebe Liese, liebe Liese, stopf's zu!"

2. „Womit soll ich's aber zustopp'n, lieber Heinrich, lieber …?"
   „Mit Stroh, liebe, liebe Liese, liebe Liese, mit Stroh!"

3. „Wenn das Stroh aber nun zu lang ist, lieber …?"
   „Hau es ab, liebe, liebe Liese, liebe Liese, hau's ab!"

4. „Womit soll ich's aber abhau'n, lieber …?"
   „Mit dem Beil, liebe, liebe Liese, liebe Liese, mit'm Beil!"

5. „Wenn das Beil aber nun zu stumpf ist, lieber ...?"
   „Mach es scharf, liebe, liebe Liese, liebe Liese, mach's scharf!"

6. „Womit soll ich's aber scharf mach'n, lieber ...?"
   „Mit dem Stein, liebe, liebe Liese, liebe Liese, mit 'm Stein!"

7. „Wenn der Stein aber nun zu trock'n ist, lieber ...?"
   „Mach' ihn nass, liebe, liebe Liese, liebe Liese, mach'n nass!"

8. „Womit soll ich'n aber nass mach'n, lieber ...?"
   „Mit dem Wass'r, liebe, liebe Liese, liebe Liese, mit'm Wass'r!"

9. „Womit soll ich denn das Wass'r holen, lieber ...?"
   „Mit dem Topp, liebe, liebe Liese, liebe Liese, mit'm Topp!"

10. „Wenn der Topp aber nun'n Loch hat, lieber Heinrich, lieber Heinrich?"
    „Lass es sein, dumme, dumme Liese, dumme Liese, lass's sein!"

Mein Hut, der hat drei Ecken

Hänsel und Gretel

1. Hän - sel und Gre - tel ver - irr - ten sich im Wald.
   Es war so fins - ter und auch so bit - ter - - - kalt.
   Sie ka - men an ein Häus - chen von Pfef - fer - ku - chen fein.
   Wer mag der Herr wohl von die - sem Häus - chen sein?

2. Hu, hu! Da schaut eine alte Hex heraus.
   Sie lockt die Kinder ins Pfefferkuchenhaus.
   Sie stellte sich gar freundlich:
   Oh Hänsel, welche Not!
   Sie will dich braten im Ofen braun wie Brot.

3. Doch als die Hexe zum Ofen schaut hinein,
   ward sie gestoßen von unserm Gretelein.
   Die Hexe musste braten,
   die Kinder gehn nach Haus.
   Nun ist das Mächen von Hans und Gretel aus.

Dornröschen

1. Dorn - rös - chen war ein schö - nes Kind, schö - es Kind, schö - nes Kind.

Dorn - rös - chen war ein schö - nes Kind, schö - nes Kind.

2. Dornröschen nimm dich ja in Acht,
ja in Acht, ja in Acht ...

3. Da kam die böse Fee herein,
Fee herein, Fee herein ...

4. Dornröschen schlafe hundert Jahr,
hundert Jahr, hundert Jahr ...

5. Da wuchs die Hecke riesengroß,
riesengroß, riesengroß ...

6. Da kam ein junger Königssohn,
Königssohn, Königssohn ...

7. Dornröschen wache wieder auf,
wieder auf, wieder auf ...

8. Da feierten sie das Hochzeitsfest,
Hochzeitsfest, Hochzeitsfest ...

9. Da jubelte das ganze Volk,
ganze Volk, ganze Volk ...

Bettelmanns Hochzeit

Wi - de - le, we - de - le, hin - term Städ - te - le hat der Bet - tel - mann Hoch - zeit.

Pfeifet das Mäu - se - le, tanzt das Läu - se - le, schlägt das I - ge - le Trom - mel.

Al - le Tie - re, die We - de - le ha - ben, sol - len zur Hochzeit kom - men.

Wi - de - le, we - de - le, hin - term Städ - te - le hat der Bet - te - mann Hoch - zeit.

Die Affen rasen durch den Wald

2. Die Affenmama sitzt am Fluss
   und angelt nach der Kokosnuss.

   Refrain: Die ganze Affenbande brüllt:
   Wo ist die Kokosnuss, wo ist die Kokosnuss,
   wer hat die Kokosnuss geklaut?

3. Der Affenonkel, welch ein Graus,
   reißt alle Urwaldbäume aus.

   Refrain: Die ganze Affenbande brüllt:
   Wo ist die Kokosnuss, wo ist die Kokosnuss,
   wer hat die Kokosnuss geklaut?

4. Die Affentante kommt von fern,
   sie isst die Kokosnuss so gern.

   Refrain: Die ganze Affenbande brüllt:
   Wo ist die Kokosnuss, wo ist die Kokosnuss,
   wer hat die Kokosnuss geklaut?

5. Der Affenmilchmann, dieser Knilch,
   der wartet auf die Kokosmilch.

   Refrain: Die ganze Affenbande brüllt:
   Wo ist die Kokosnuss, wo ist die Kokosnuss,
   wer hat die Kokosnuss geklaut?

6. Das Affenbaby voll Genuss
   hält in der Hand die Kokosnuss.

   Refrain: Die ganze Affenbande brüllt:
   Da ist die Kokosnuss, da ist die Kokosnuss,
   es hat die Kokosnuss geklaut!

7. Die Affenoma schreit: Hurra!
   Die Kokosnuss ist wieder da!

   Refrain: Die ganze Affenbande brüllt:
   Da ist die Kokosnuss, da ist die Kokosnuss,
   es hat die Kokosnuss geklaut!

8. Und die Moral von der Geschicht:
   Klaut keine Kokosnüsse nicht!

   Refrain: Weil sonst die Affenbande brüllt:
   Wo ist die Kokosnuss, wo ist die Kokosnuss,
   wer hat die Kokosnuss geklaut?

Wer will fleißige Handwerker sehn?

Wer will flei-ßi-ge Hand-wer-ker sehn, der muss zu uns Kin-dern gehn.

1. Stein auf Stein, Stein auf Stein, das Häus-chen wird bald fer-tig sein.

Refrain:
Wer will fleißige Handwerker sehn,
der muss zu uns Kindern gehn.

2. Oh wie fein, oh wie fein,
der Glaser setzt die Scheiben ein.

Refrain:
Wer will fleißige Handwerker sehn,
der muss zu uns Kindern gehn.

3. Tauchet ein, tauchet ein,
der Maler streicht die Wände fein.

Refrain:
Wer will fleißige Handwerker sehn,
der muss zu uns Kindern gehn.

4. Zisch, zisch, zisch, zisch, zisch, zisch,
der Schreiner hobelt glatt den Tisch.

Refrain:
Wer will fleißige Handwerker sehn,
der muss zu uns Kindern gehn.

5. Poch, poch, poch, poch, poch, poch,
der Schuster schustert zu das Loch.

Refrain:
Wer will fleißige Handwerker sehn,
der muss zu uns Kindern gehn.

6. Stich, stich, stich, stich, stich, stich,
der Schneider näht ein Kleid für mich.

Refrain:
Wer will fleißige Handwerker sehn,
der muss zu uns Kindern gehn.

7. Tripp, trapp, drein, tripp, trapp, drein,
jetzt gehn wir von der Arbeit heim.

Refrain:
Wer will fleißige Handwerker sehn,
der muss zu uns Kindern gehn.

8. Hopp, hopp, hopp, hopp, hopp, hopp,
jetzt tanzen alle im Galopp.

Es regnet, wenn es regnen will
Kanon zu vier Stimmen

Es reg - net, wenn es reg - nen will, und reg - net sei - nen Lauf. und

wenn's ge - nug ge - reg - net hat, so hört es wie - der auf.

Bunt sind schon die Wälder

1. Bunt sind schon die Wäl-der, gelb die Stop-pel-fel-der

und der Herbst be-ginnt. Ro-te Blät-ter fal-len,

grau-e Ne-bel wal-len, küh-ler weht der Wind.

2. Wie die volle Traube
aus dem Rebenlaube
pupurfarbig strahlt!
Am Geländer reifen
Pfirsiche mit Streifen
rot und weiß bemalt.

3. Flinke Träger springen
und die Mädchen singen,
alles jubelt froh!
Bunte Bänder schweben
zwischen hohen Reben
auf dem Hut von Stroh.

4. Geige tönt und Flöte
bei der Abendröte
und im Mondesglanz;
junge Winzerinnen
winken und beginnen
frohen Erntetanz.

Ich geh mit meiner Laterne

Ich geh mit meiner Laterne und meine Laterne mit mir.
Am Himmel leuchten die Sterne und unten da leuchten wir.

Mein Licht ist aus, wir gehn nach Haus. Ra-bim-mel, ra-bam-mel, ra-bumm.

Laterne, Laterne, Sonne, Mond und Sterne

La - ter - ne, La - ter - ne, Son - ne, Mond und Ster - ne. Bren - ne auf, mein

Licht, bren - ne auf mein Licht, a - ber nur mei - ne lie - be La - ter - ne nicht.

Juchhe, der erste Schnee!

1. Juch-he, juch-he, juch-he, der ers-te Schnee! In gro-ßen, wei-ßen Flo-cken, so kam er ü-ber Nacht und

will uns al-le lo-cken hi-naus in Win-ter-pracht.

2. Juchhe, juchhe,
   erstarrt sind Bach und See!
   Herbei von allen Seiten
   aufs glitzerblanke Eis,
   dahin-, dahinzugleiten
   nach alter froher Weis!

3. Juchhe, juchhe,
   jetzt locken Eis und Schnee!
   Der Winter kam gezogen
   mit Freuden mannigfalt,
   spannt seinen weißen Bogen
   weit über Feld und Wald.

Sankt Martin

1. Sankt Martin, Sankt Martin, Sankt Martin ritt durch Schnee und Wind, sein Ross, das trug ihn fort geschwind. Sankt Martin ritt mit leichtem Mut, sein Mantel deckt' ihn warm und gut.

2. Im Schnee saß, im Schnee saß,
   im Schnee, da saß ein armer Mann,
   hat Kleider nicht, hat Lumpen an.
   „Oh helft mir doch in meiner Not,
   sonst ist der bittre Frost mein Tod!"

3. Sankt Martin, Sankt Martin,
   Sankt Martin zieht die Zügel an,
   das Ross steht still beim armen Mann.
   Sankt Martin mit dem Schwerte teilt
   den warmen Mantel unverweilt.

4. Sankt Martin, Sankt Martin,
   Sankt Martin gibt den halben still,
   der Bettler rasch ihm danken will.
   Sankt Martin aber ritt in Eil
   hinweg mit seinem Mantelteil.

Schneeflöckchen, Weißröckchen

1. Schnee - flöck - chen, Weiß - röck - chen, jetzt kommst du ge -

schneit, du wohnst in der Wol - ke, dein Weg ist so weit.

2. Komm, setz dich ans Fesnster, du lieblicher Stern,
   malst Blumen und Blätter, wir haben dich gern.

3. Schneeflöckchen, du deckst uns die Blümelein zu,
   dann schalfen sie sicher in himmlischer Ruh'.

4. Schneeflöckchen, Weißröckchen,
   komm zu uns ins Tal;
   dann bau'n wir den Schneemann
   und werfen den Ball.

A B C, die Katze lief im Schnee

A B C, die Kat-ze lief im Schnee, und als sie dann nach Hau-se kam, da

hatt' sie wei-ße Stie-fel an, o je-mi-ne, o je-mi-ne, die Kat-ze lief im Schnee.

Lasst uns froh und munter sein

Strophe

1. Lasst uns froh und munter sein und uns recht von Herzen freun.

Refrain

Lustig, lustig traleralara, bald ist Niklausabend da, bald ist Niklausabend da.

2. Dann stell ich den Teller auf,
   Niklaus legt gewiss was drauf.
   Refrain: Lustig, lustig traleralara,
   bald ist Niklausabend da, bald ist
   Niklausabend da.

3. Niklaus ist ein guter Mann,
   dem man nicht genug danken kann.
   Refrain: Lustig, lustig traleralara,
   bald ist Niklausabend da, bald ist
   Niklausabend da.

Leise rieselt der Schnee

1. Lei - se rie - selt der Schnee, still und starr ruht der See,

weih - nacht - lich glän - zet der Wald: Freu - e dich, Christ - kind kommt bald!

2. In den Herzen ist's warm,
   still schweigt Kummer und Harm,
   Sorge des Lebens verhallt:
   Freue dich, Christkind kommt bald!

3. Bald ist Heilige Nacht,
   Chor der Engel erwacht,
   hört nur, wie lieblich es schallt:
   Freue dich, Chriskind kommt bald!

Morgen, Kinder, wird's was geben

1. Mor - gen, Kin - der, wird's was ge - ben, mor - gen wer - den

wir uns freu'n; welch ein Ju - bel, welch ein Le - ben wird in un - serm

Hau - se sein! Ein - mal wer - den wir noch wach, hei - ßa dann ist Weih - nachts - tag.

2. Wie wird dann die Stube glänzen
von der hellen Lichter Zahl,
schöner als bei frohen Tänzen
ein geputzter Kronensaal!
Wisst ihr noch vom vor'gen Jahr,
wie's am heil'gen Abend war?

3. Welch ein schöner Tag ist morgen!
Neue Freude hoffen wir.
Unsre guten Eltern sorgen
lange, lange schon dafür.
O, gewiss, wer sie nicht ehrt,
ist der ganzen Lust nicht wert!

O Tannenbaum

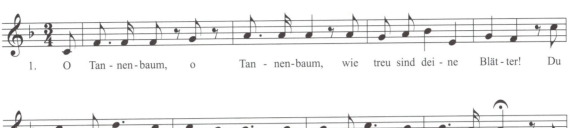

2. O Tannenbaum, o Tannenbaum,
du kannst mir sehr gefallen!
Wie oft hat nicht zur Weihnachtzeit
ein Baum von dir mich hoch erfreut!
O Tannenbaum, o Tannenbaum,
du kannst mir sehr gefallen.

3. O Tannenbaum, o Tannenbaum,
dein Kleid will mich was lehren:
die Hoffnung und Beständigkeit
gibt Trost und Kraft zu aller Zeit.
O Tannenbaum, o Tannenbaum,
dein Kleid will mich was lehren.

Es ist für uns eine Zeit angekommen

1. Es ist für uns eine Zeit angekommen, die bringt uns eine große Freud. Übers schneebeglänzte Feld wandern wir, wandern wir, durch die weite, weiße Welt.

2. Es schlafen Bächlein und See unterm Eise,
es träumt der Wald einen tiefen Traum.
Durch den Schnee, der leise fällt,
wandern wir, wandern wir,
durch die weite, weiße Welt.

3. Vom hohen Himmel ein
leuchtendes Schweigen
erfüllt die Herzen mit Seligkeit.
Unterm sternbeglänzten Zelt
wandern wir, wandern wir,
durch die weite, weiße Welt.

Winter, ade

1. Winter, ade!
Scheiden tut weh. Aber dein Scheiden macht, dass mir das Herze lacht! Winter, ade! Scheiden tut weh.

2. Winter, ade! Scheiden tut weh.
Gerne vergess' ich dein,
kannst immer ferne sein.
Winter, ade! Scheiden tut weh.

3. Winter, ade! Scheiden tut weh.
Gehst du nicht bald nach Haus,
lacht dich der Kuckuck aus.
Winter, ade! Scheiden tut weh.

Weißt du, wie viel Sternlein stehen?

1. Weißt du, wie viel Sternlein stehen an dem blauen Himmelszelt?
Weißt du, wie viel Wolken gehen weithin über alle Welt?
Gott, der Herr, hat sie gezählet, dass ihm auch nicht eines fehlet
an der ganzen großen Zahl, an der ganzen großen Zahl.

2. Weißt du, wie viel Mücklein spielen
in der heißen Sonnenglut?
Wie viel Fischlein auch sich kühlen
in der hellen Wasserflut?
Gott, der Herr, rief sie mit Namen,
dass sie all ins Leben kamen,
dass sie nun so fröhlich sind.

3. Weißt du, wie viel Kinder frühe
stehn aus ihrem Bettlein auf,
dass sie ohne Sorg und Mühe
fröhlich sind im Tageslauf?
Gott im Himmel hat an allen
seine Lust, sein Wohlgefallen,
kennt auch dich und hat dich lieb.

Wer hat die schönsten Schäfchen?

1. Wer hat die schönsten Schäfchen? Die hat der goldne Mond, der hinter unsern Bäumen am Himmel droben wohnt.

2. Er kommt am späten Abend, wenn alles schlafen will, hervor aus seinem Hause zum Himmel leis und still.

3. Dann weidet er die Schäfchen auf seiner blauen Flur, Denn all die weißen Schäfchen sind seine Sterne nur.

4. Sie tun sich nichts zu Leide, hat eins das andre gern, wie Schwestern und wie Brüder, da oben Stern an Stern.

Oh, wie wohl ist mir am Abend
Kanon zu drei Stimmen

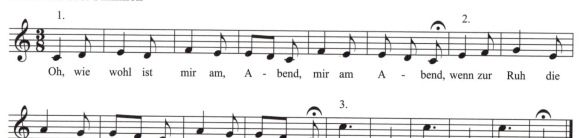

Oh, wie wohl ist mir am, A-bend, mir am A-bend, wenn zur Ruh die Glo-cken läu-ten, Glo-cken läu-ten: Bim, bam, bim, bam, bim, bam.

Gute Nacht, gute Ruh
Kanon zu vier Stimmen

Gu-te Nacht, gu-te Ruh, die Son-ne geht schon schla-fen, schla-fen geh auch du!

Kindlein mein, schlaf nur ein

1. Kindlein mein, schlaf nur ein, weil die Sternlein kommen,
und der Mond kommt auch schon wieder angeschwommen.

Refrain:
Eia, Wiege, Wiege mein, schlaf nur, Kindlein, schlaf nur ein!

2. Mütterlein singt dich ein, schlaf dir rot die Wänglein.
Treu bewacht in der Nacht, träume süß vom Englein.

Refrain:
Eia, Wiege, Wiege mein schlaf nur,
Kindlein, schlaf nur ein!

Die Blümelein, sie schlafen

1. Die Blü-me-lein, sie schla-fen schon längst im Mon-den-schein,
sie ni-cken mit den Köpf-chen, auf ih-ren Stän-ge-lein.

Es rüt-telt sich der Blü-ten-baum, er säu-selt wie im Traum:

Schla-fe, schla-fe, schla-fe, schlaf ein mein Kin-de-lein.

2. Die Vögelein, die sangen
so süß im Sonnenschein,
sie sind zur Ruh gegangen
in ihre Nestchen klein.
Das Heimchen in dem Ährengrund,
das tut allein sich kund:
Schlafe, schlafe,
schlaf ein, mein Kindelein.

3. Sandmännchen kommt geschlichen
und guckt durchs Fensterlein,
ob irgendwo ein Liebchen
mag nicht zu Bette sein.
Und wo er noch ein Kindlein fand,
streut er ins Aug ihm Sand:
Schlafe, schlafe,
schlaf ein, mein Kindelein.

Schlaf, Kindchen, schlaf

1. Schlaf, Kind-chen, schlaf! Der Va-ter hüt' die Schaf, die Mut-ter schüttelt's

Bäu-me-lein, da fällt he-rab ein Träu-me-lein. Schlaf, Kind-chen, schlaf!

2. Schlaf, Kindchen, schlaf!
   Am Himmel ziehn die Schaf,
   die Sternlein sind die Lämmerlein,
   der Mond, der ist das Schäferlein.
   Schlaf, Kindchen, schlaf!

Abend wird es wieder

1: A-bend wird es wie-der, ü-ber Wald und Feld säu-selt Frie-den nie-der und es ruht die Welt.

2. Nur der Bach ergießet
sich am Felsen dort
und er braust und fließet
immer, immerfort.

3. Und kein Abend bringet
Frieden ihm und Ruh,
keine Glocke klinget
ihm ein Rastlied zu.

4. So in deinem Streben
bist, mein Herz, auch du;
Gott nur kann dir geben
wahre Abendruh.